Einstiegskurs PLUS

Deutsch im Alltag

Zusatztraining

Susan Kaufmann

Lutz Rohrmann

Annalisa Scarpa-Diewald

Ernst Klett Sprachen

Stuttgart

von
Susan Kaufmann, Lutz Rohrmann, Annalisa Scarpa-Diewald

Redaktion: Daniela Blech-Straub, Annalisa Scarpa-Diewald
Gestaltungskonzept und Layout: Andrea Pfeifer
Umschlaggestaltung: Christine Palme
Coverfoto: iStockphotos hsvrs
Illustrationen: Nikola Lainović

Einstiegskurs – Materialien

Einstiegskurs (Kurs- und Übungsbuch, mit 2 Audio-CDs)	606309
Einstiegskurs Plus (Zusatztraining)	605309
Bildkarten (138 Fotos und Zeichnungen)	605999

Online-Material unter www.klett-sprachen.de/berliner-platz/einstiegskurs:

Arbeitsanweisungen in vielen Sprachen, Kopiervorlagen, Transkripte,

Lösungen, Wortlisten, Audio-Materialien (mp3)

1. Auflage   1 ⁵ ⁴ ³ | 2025 24 23

Satz und Repro: Franzis print & media GmbH, München
Gesamtherstellung: Elanders GmbH, Waiblingen

ISBN 978-3-12-605309-9

Einleitung

Der *Einstiegskurs Plus* enthält ergänzend zum Lehr- und Arbeitsbuch *Einstiegskurs –
Berliner Platz NEU* zusätzliche Aktivitäten für Lernende mit geringer schulischer Lern-
erfahrung. Das Material eignet sich auch für den Einsatz in den ersten Stunden
Deutsch in Flüchtlingskursen.

Der Einstiegskurs Plus bietet auf jeweils vier Seiten pro Kapitel

- ein Schreibtraining für Lernende, die in der lateinischen Schrift noch ungeübt sind,
- wichtige Sätze und Basiswortschatz zum Abschreiben und zum Übersetzen in die
  eigene Sprache,
- die Rubrik „Lernen lernen" mit Tipps und Übungen zu Lernstrategien,
- ein Wortschatztraining zum Basiswortschatz,
- ein Sprechtraining, in dem Alltagsredemittel dialogisch geübt werden.

Inhaltsverzeichnis

Hallo!

Schreibtraining

Das Alphabet

1 Finden Sie die Paare. Schreiben Sie.

b G W P h l e S E f j u x M g
p d A w B z N t c Q i m o C r
D y R Y n I k X q F v U Z V L
j K H O a s T

A a, B b, C _____

_____

_____

_____

_____

2 Groß oder klein? Schreiben Sie richtig.

Am Anfang:	Wie heißen Sie?
Namen:	Pablo, Schuster, Berlin
Nomen:	Hallo, Frau Schuster.
Sie + Ihnen:	Wie heißen Sie?
	Wie geht es Ihnen?

1. ● ich heiße ute schuster. wie heißen sie?
   Ich heiße _____

   ○ ich heiße pablo santana.

   _____

   ● guten morgen, herr santana.

   _____

2. ● guten abend, frau kul. wie geht es ihnen?
   Guten Abend, _____

   ○ hallo, herr maier. danke, sehr gut. und ihnen?

   _____

   ● gut, danke.

   _____

Sätze und Wörter

Schreiben Sie in Ihrer Sprache.

Guten Morgen, Frau … _____

Guten Tag, Frau … _____

Guten Abend, Herr … _____

Auf Wiedersehen, Herr … _____

Hallo, Ana. _____

Tschüs, Gül. _____

Wie heißen Sie? _____

Ich heiße … _____

Wie bitte? _____

Wie schreibt man das? _____

Wie geht es Ihnen? _____

Sehr gut, danke. _____

Gut, danke. _____

Es geht, danke. _____

Bitte. _____

antworten _____

ergänzen _____

fragen _____

hören _____

korrigieren _____

lernen _____

lesen _____

markieren _____

schreiben _____

sprechen _____

üben _____

spielen _____

Lernen lernen

Schreiben Sie Lernkarten.

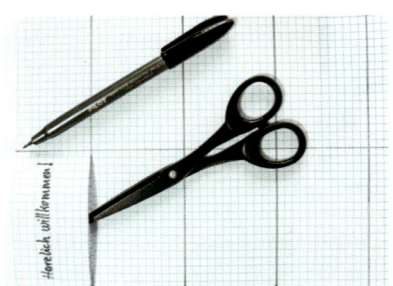

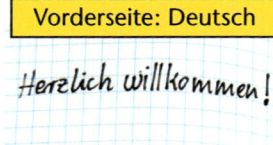
Vorderseite: Deutsch
Herzlich willkommen!

Rückseite: Ihre Sprache
مرحباً !

> **TIPP** Mit Lernkarten können Sie überall lernen.

Wortschatztraining

1 **Schreiben Sie die Sätze zu den Bildern.**

~~Guten Morgen, Herr Postert.~~ – Hallo, Marie. – Guten Abend, Frau Kul. –
Tschüs, Finn. – Guten Tag, Frau Veloso. – Auf Wiedersehen, Herr Maier.

Ⓐ

Guten Morgen,
Herr Postert.

Ⓑ

_____
_____

Ⓒ

_____
_____

Ⓓ

_____
_____

Ⓔ

_____
_____

Ⓕ

_____
_____

2 **Ergänzen Sie.**

Lernen Sie die Wörter.

_____ Sie den Satz.

_____ Sie ins Heft.

_____ Sie den Dialog.

_____ Sie den Text.

_____ Sie das Wort.

Sprechtraining

Guten Tag, wie heißen Sie?

1 Lesen Sie vor.

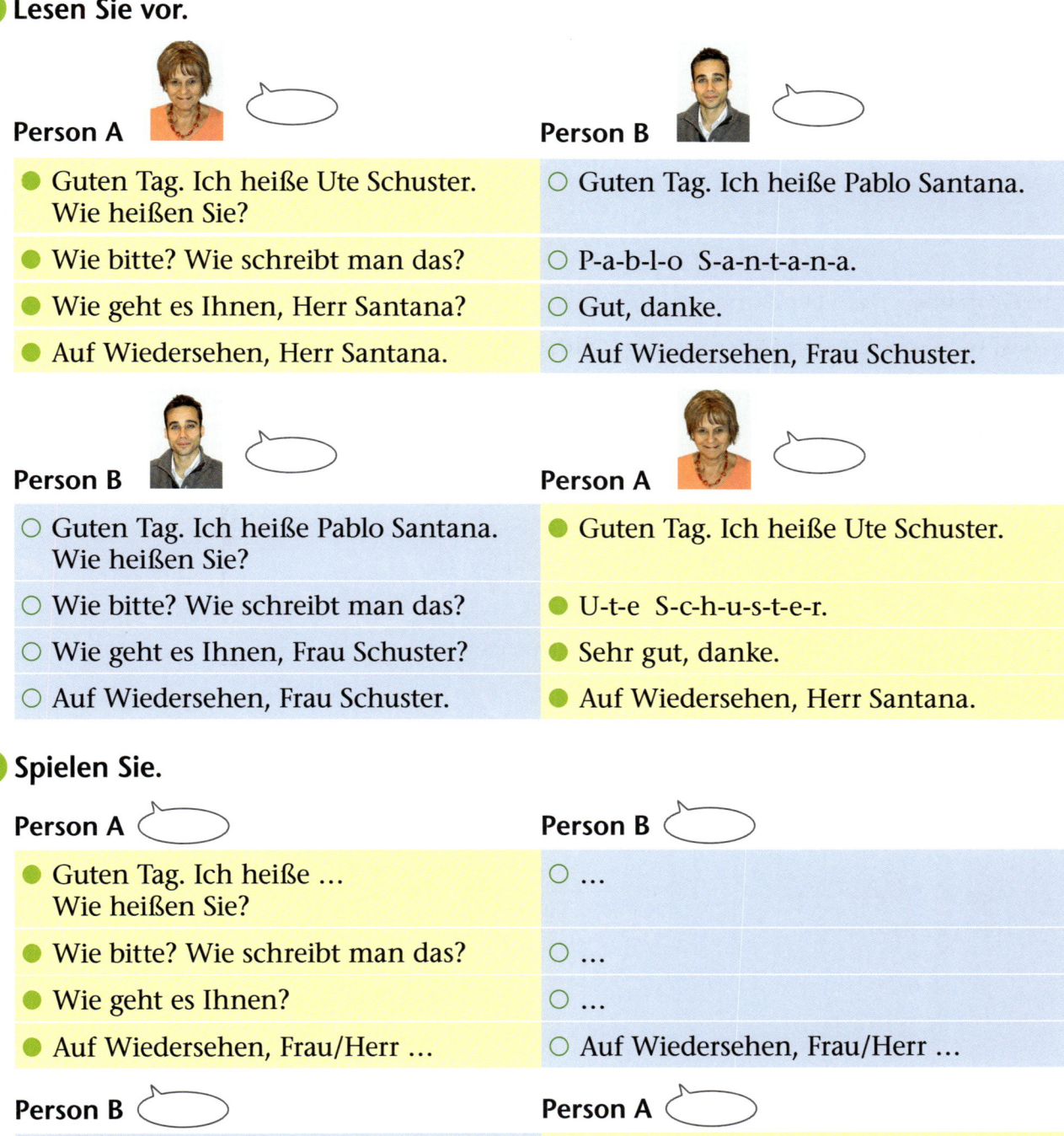

Person A

- Guten Tag. Ich heiße Ute Schuster. Wie heißen Sie?
- Wie bitte? Wie schreibt man das?
- Wie geht es Ihnen, Herr Santana?
- Auf Wiedersehen, Herr Santana.

Person B

○ Guten Tag. Ich heiße Pablo Santana.
○ P-a-b-l-o S-a-n-t-a-n-a.
○ Gut, danke.
○ Auf Wiedersehen, Frau Schuster.

Person B

○ Guten Tag. Ich heiße Pablo Santana. Wie heißen Sie?
○ Wie bitte? Wie schreibt man das?
○ Wie geht es Ihnen, Frau Schuster?
○ Auf Wiedersehen, Frau Schuster.

Person A

- Guten Tag. Ich heiße Ute Schuster.
- U-t-e S-c-h-u-s-t-e-r.
- Sehr gut, danke.
- Auf Wiedersehen, Herr Santana.

2 Spielen Sie.

Person A

- Guten Tag. Ich heiße … Wie heißen Sie?
- Wie bitte? Wie schreibt man das?
- Wie geht es Ihnen?
- Auf Wiedersehen, Frau/Herr …

Person B

○ …
○ …
○ …
○ Auf Wiedersehen, Frau/Herr …

Person B

○ Guten Tag. Ich heiße … Wie heißen Sie?
○ Wie bitte? Wie schreibt man das?
○ Wie geht es Ihnen?
○ Auf Wiedersehen, Frau/Herr …

Person A

- …
- …
- …
- Auf Wiedersehen, Frau/Herr …

3 Spielen Sie frei.

Land und Stadt

Schreibtraining

1 **Vorname – Familienname? Schreiben Sie Ihren Namen. Vergleichen Sie im Kurs.**

Deutschland:

Ursula   Schulz-Fischer

↑ Vorname   ↑ Familienname

Ungarn:

Fehér   László

Vorname   Familienname

Marokko:

Rabia   El Abdullah

↑ Vorname   ↑ Familienname

Ihr Land: _____

Ihr Name: _____   _____

Vorname   Familienname

2 **Persönliche Daten – Ergänzen Sie das Formular.**

Wie heißen Sie?

Wo wohnen Sie?

Woher kommen Sie?

Wie ist Ihre Telefonnummer?

Wie ist Ihre E-Mail-Adresse?

Vorname und Familienname:
Straße und Hausnummer:
Postleitzahl und Stadt:
Land:
Telefonnummer:
E-Mail-Adresse:

3 **Machen Sie eine Kursliste nach A, B, C, …**

UNSER KURS
Carvalho, Paulo
El Abdullah, Rabia
Fehér, László
…

Sätze und Wörter

Schreiben Sie in Ihrer Sprache.

Woher kommen Sie? _____

Ich komme aus … _____

Ich bin aus … _____

Entschuldigen Sie, bitte. _____

Wie ist Ihre Telefonnummer? _____

Meine Telefonnummer ist … _____

Und Ihre? _____

Ergänzen Sie das Formular. _____

Wie ist Ihr Familienname? _____

Mein Familienname ist … _____

Wo wohnen Sie? _____

Ich wohne in … _____

Wie ist Ihre Adresse? _____

Meine Adresse ist … _____

danke _____   Postleitzahl _____

E-Mail-Adresse _____   richtig – falsch _____

Herkunft _____   Stadt _____

Handynummer _____   Straße _____

Hausnummer _____   Vorname _____

Land _____   Wohnort _____

Entschuldigen Sie, wie ist Ihre Handynummer?

Lernen lernen

Schreiben Sie acht Lernkarten mit Fragen und Antworten zu Kapitel 2.

Vorderseite

Wie ist Ihre
Handynummer?

Rückseite

Meine Handynummer
ist 0157 834512.

Wortschatztraining

1 **Wie heißen die Wörter?**

Wohn   Stra   Te   fon   ~~dres~~   me   ~~Mail~~   mer   na
~~E~~   ort   na   num   na
Vor   Fa   Haus   lien   ~~A~~   le   mer
num   mi   ße   me   ~~se~~

@web.de???

et web punkt de

E-Mail-Adresse, _____

_____

_____

_____

2 **Schreiben Sie die Zahlen.**

1 _____	9 _____	17 sieb_____
2 _____	10 _____	18 acht_____
3 _____	11 _____	19 _____
4 _____	12 _____	20 _____
5 _____	13 _dreizehn_____	21 einundzwanzig
6 _____	14 _____	22 zweiund_____
7 _____	15 _____	23 _____und_____
8 _____	16 sech_____	24 _____

Sprechtraining

Wie ist Ihr Familienname?

1 Lesen Sie vor.

	fragen ?	antworten !
Vorname	● Wie ist Ihr Vorname?	○ Pablo.
Familienname	● Wie ist Ihr Familienname?	○ Santana.
Land	● Woher kommen Sie?	○ Aus Spanien.
Wohnort	● Wo wohnen Sie?	○ In Dortmund.
Adresse	● Wie ist Ihre Adresse?	○ Marktstraße 17.
Telefonnummer	● Wie ist Ihre Telefonnummer?	○ 0231 19588.

2 Spielen Sie und schreiben Sie.

Schritt 1: fragen   **Schritt 2:** antworten   **Schritt 3:** schreiben

Person A ?	Person B !	Person A ✎
● Vorname?	○ …	
● Familienname?	○ …	
● Land?	○ …	
● Wohnort?	○ …	
● Adresse?	○ …	
● Telefonnummer?	○ …	

Person B ?	Person A !	Person B ✎
● Vorname?	○ …	
● Familienname?	○ …	
● Land?	○ …	
● Wohnort?	○ …	
● Adresse?	○ …	
● Telefonnummer?	○ …	

3 Der Deutschkurs

Schreibtraining

1 **Ergänzen Sie die Vokale und schreiben Sie die Wörter.**

1. Hft   e   das   *Heft* _____

2. Tss   a   e   die   _____

3. Hnd   y   a   das   _____

4. Tfl   e   a   die   _____

5. Blstft   ei   i   der   _____

6. Dtschbch   u   eu   das   _____

7. Wltkrt   a   e   e   die   _____

8. Cmptr   u   o   e   der   _____

9. Bchstb   a   e   u   der   _____

10. Rdrgmm   i   a   ie   u   der   _____

2 **Schreiben Sie die Sätze.**

1. Jamiila   kommt   Eritrea   aus   .   Sie   Frankfurt   .   wohnt   in

Jamiila kommt _____

_____

2. Jordanien   aus   Munir   kommt   .   Deutsch   lernt   .   Er

_____

_____

3. heißt   Wie   Frau   die   ?   heißt   Sie   .   Claudia   Kunz

_____

_____

Sätze und Wörter

Schreiben Sie in Ihrer Sprache.

Wie heißt das auf Deutsch? _____

Das heißt … _____

Das weiß ich nicht. _____

Wie heißt du? _____

Wie heißt er? _____

Er heißt … _____

Was machst du hier? _____

Ich lerne Deutsch. _____

Das ist Frau … _____

Woher kommst du? _____

Woher kommt sie? _____

Sie kommt aus … _____

Mach's gut! _____

Bis morgen. _____

der Bleistift _____

das Buch _____

der Computer _____

die Frau _____

das Handy _____

das Heft _____

das Kind _____

der Kuli _____

die Lehrerin _____

der Mann _____

der Radiergummi _____

der Stift _____

der Stuhl _____

die Tafel _____

der Tisch _____

das Wörterbuch _____

Lernen lernen

1 Artikel leichter lernen – Lesen Sie die drei Tipps.

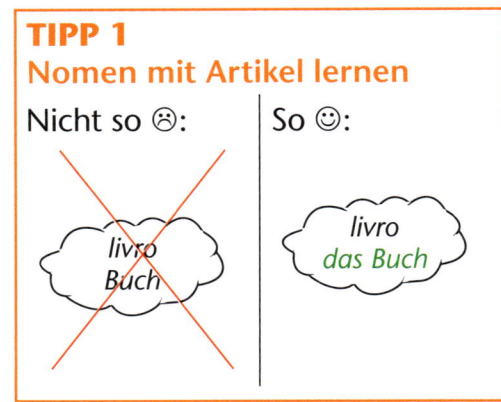

TIPP 1
Nomen mit Artikel lernen

Nicht so ☹:   So ☺:

livro
Buch

livro
das Buch

TIPP 2
Farben helfen beim Lernen
der Stift   das Buch   die Frau
der Tisch   das Handy   die Tafel

TIPP 3
Artikelbilder helfen beim Lernen

das Buch

der Löwe

die Fee

2 Schreiben Sie diese Wörter mit Artikel (der, das, die) auf Lernkarten.

Bleistift – Kuli – Radiergummi – Heft – Buch – Handy – Computer – Tisch – Stuhl – Tafel – Mann – Frau – Kind – Lehrer – Lehrerin

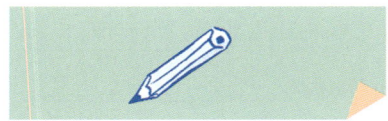

der Bleistift

Wortschatztraining

1 Ergänzen Sie die Dialoge.

Das ist – Aus München. – Wie schreibt man das? – Wie heißt das auf Deutsch?

1. ● _____   ○ Das heißt Buch, das Buch.

2. ● Woher kommt Frau Schuster?   ○ _____

3. ● _____   ○ S-C-H-U-S-T-E-R.

4. ● Wer ist das?   ○ _____ Herr Santana.

2 Wörter in Gruppen lernen – Schreiben Sie. Vergleichen Sie im Kurs.

die Lehrerin

mein Deutschkurs

lernen

die Adresse

ich, meine Familie, mein Ort

wohnen

Sprechtraining

Woher kommt Kamal?

1 Lesen Sie vor.

Schritt 1: fragen   **Schritt 2:** antworten   **Schritt 3:** schreiben ✎

● Woher kommt Kamal?   ○ Er kommt aus Syrien.   *aus Syrien*

○ Woher kommt Amina?   ● Sie kommt aus Pakistan.   *aus Pakistan*

2 Spielen Sie und schreiben Sie.

Person A ? ✎

Lila

_____

Tamrat

_____

Person B !

aus Eritrea

Tamrat

aus Indien

Lila

Person B ? ✎

Akua

_____

Roman

_____

Person A !

aus Afghanistan

Roman

aus Ghana

Akua

4 Meine Familie

Schreibtraining

1 Markieren Sie die Wortgrenzen (|) und die Satzgrenze (|). Schreiben Sie die Sätze. Achten Sie auf groß und klein.

1. frau|aziz|hat|zwei|kinder|sieheißenhelinundzoro

Frau Aziz hat zwei Kinder.

Sie

2. mariaunddahirhabeneinkindesistnochklein

3. sabineundnorberthabenzweikindersiesind
   24und21jahrealt

2 Und Sie? Haben Sie Kinder? Schreiben Sie.

Ich habe

3 Schreiben Sie Sätze in Ihr Heft. Es gibt viele Möglichkeiten. Vergleichen Sie im Kurs.

Olga		44 Jahre alt.
Rasim		18, 25 und 29 Jahre alt.
Nison und Sibat		13 Jahre alt.
Frau Groß	ist	noch klein.
Meine Kinder	sind	72.
Mein Sohn		58 und 60 Jahre alt.
Die Eltern von Erfan		30 Jahre alt.
Meine Geschwister		3 und 5 Jahre alt.

1. Olga ist 13 Jahre alt.

Sätze und Wörter

Schreiben Sie in Ihrer Sprache.

Das sind meine Eltern. _____

Das ist meine Familie. _____

Haben Sie Kinder? _____

Ich habe ein Kind. _____

Ich habe … Kinder. _____

Ich habe keine Kinder. _____

Wie alt sind sie? _____

Meine Kinder sind groß. _____

Meine Tochter ist noch klein. _____

Mein Sohn ist … Jahre alt. _____

Bist du verheiratet? _____

Nein, ich bin ledig. _____

Ich bin geschieden. _____

Ich bin getrennt. _____

Ich habe einen Freund. _____

Der Vater von Anna heißt … _____

der Bruder _____

die Ehefrau _____

der Ehemann _____

der Familienstand _____

die Geschwister _____

die Großeltern _____

die Mutter _____

die Oma _____

der Opa _____

die Schwester _____

der Vater _____

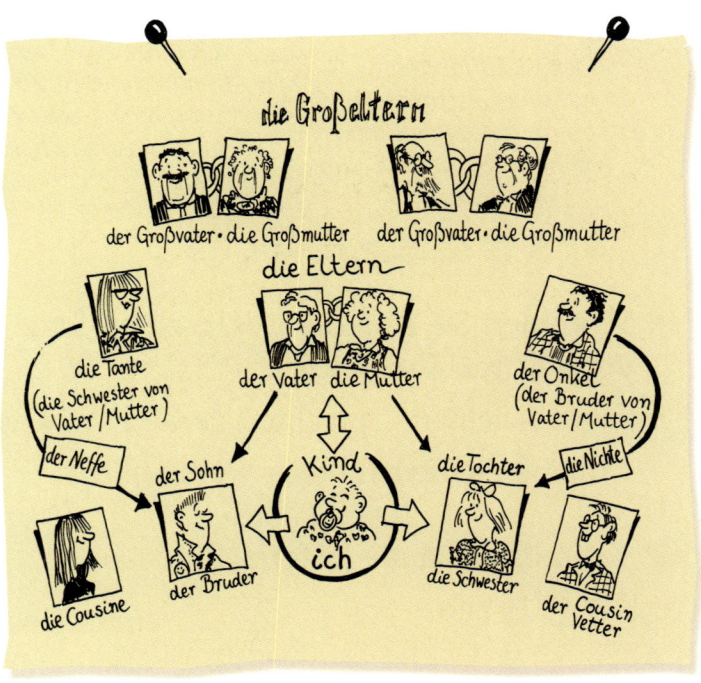

Lernen lernen

1 **Wörter in Sätzen lernen – Schreiben Sie Lernkarten.**

Vorderseite
verheiratet
Ich bin verheiratet.

Rückseite
Ihre Sprache

Vorderseite
mein/meine
Mein Sohn heißt Leo.
Meine Tochter heißt Lena.

Rückseite
Ihre Sprache

2 **Sprechen üben: drei Tipps – Ordnen Sie die Tipps den Bildern zu.**

Lesen Sie Texte laut. – Sprechen Sie viel Deutsch im Alltag. – Trainieren Sie mit dem Handy.

Ⓐ

Sadek ist 13 Jahre alt. Er hat drei Geschwister. Er kommt aus Syrien und wohnt in Dortmund.

Ⓑ

Ich habe zwei Geschwister. Mein Bruder ist 25 Jahre alt und meine Schwester 17. Meine Frau heißt …

Ⓒ

Wie geht es Ihnen?

Wortschatztraining

1 **Schreiben Sie zu jedem Verb einen Satz. Vergleichen Sie im Kurs.**

haben – heißen – sprechen – lernen – machen – schreiben – wiederholen – wohnen (in)

> *Ich habe ein Handy.*
> *Mein Freund hat zwei Kinder.*

2 **Schreiben Sie die Ziffern.**

7	sieben	___	einundzwanzig	___	sechsundsiebzig
___	elf	___	zweiunddreißig	___	siebenundachtzig
___	zwölf	___	dreiundvierzig	___	achtundneunzig
___	sechzehn	___	vierundfünfzig	___	einhundert
___	siebzehn	___	fünfundsechzig	___	hunderteins

Sprechtraining

Wie alt sind Sie?

1 Lesen Sie vor.

	fragen ?	antworten !
Alter	● Wie alt sind Sie?	○ Ich bin 23 Jahre alt.
Familienstand	● Sind Sie verheiratet?	○ Ja. ○ Nein. Ich bin ledig/getrennt/ geschieden.
Kinder	● Haben Sie Kinder?	○ Ja, ich habe ein Kind / drei Kinder. ○ Nein, ich habe keine Kinder.
Alter	● Wie alt ist er/sie? ● Wie alt sind sie?	○ Er/Sie ist neun Jahre alt. ○ Sie sind drei, fünf und zehn Jahre alt.
Geschwister	● Haben Sie Geschwister?	○ Ja. Mein Bruder heißt Albert. ○ Ja. Meine Schwester heißt Rita. ○ Nein, ich habe keine Geschwister.
Familie	● Wo wohnt Ihre Familie?	○ Meine Familie wohnt im Kosovo.

2 Spielen Sie und schreiben Sie.

Person A ?	Person B !	Person A ✎
● Alter?	○ …	
● Familienstand?	○ …	
● Kinder?	○ …	
● Alter?	○ …	
● Geschwister?	○ …	
● Familie?	○ …	

Person B ?	Person A !	Person B ✎
● Alter?	○ …	
● Familienstand?	○ …	
● Kinder?	○ …	
● Alter?	○ …	
● Geschwister?	○ …	
● Familie?	○ …	

Essen und Trinken

Schreibtraining

1 **Schreiben Sie die Wörter in der alphabetischen Reihenfolge mit Artikel.**

Fleisch   Milch   Reis   Zwiebel   Kaffee   Wassermelone
Bohne   Banane   Tomate   Käse   Kartoffel
Schokolade   Tee   Nudeln   Apfel   Zucchini   Wasser   Fisch

A der Apfel

____

____

____

____

____

____

____

____

____

Z

2 **In jedem Wort ist ein Fehler. Korrigieren Sie.**

der Afel	der Kaffe	das Waser	der Te
der Apfel			

das Fleish	die Katoffel	die Zwibel	die Bonen

3 **Was essen und trinken Sie gerne? Schreiben Sie.**

Ich esse gerne

Ich trinke gerne

Sätze und Wörter

Schreiben Sie in Ihrer Sprache.

Ich esse gerne … _____

Ich trinke gerne … _____

Entschuldigung, wo finde ich …? _____

Sie sind hier im Regal. _____

Das ist in Gang 3. _____

Was kostet ein Jogurt? _____

Er kostet fünfzig Cent. _____

Was kosten die Nudeln? _____

Sie kosten drei Euro fünfzig. _____

Sonst noch etwas? _____

Haben Sie Salat? _____

der Apfel _____

die Banane _____

die Birne _____

die Bohne _____

das Brot _____

das Essen _____

der Fisch _____

die Flasche _____

das Fleisch _____

das Gemüse _____

die Getränke _____

das Gramm _____

der Kaffee _____

die Kartoffel _____

der Käse _____

die Kasse _____

kaufen _____

das Kilo _____

der Kuchen _____

die Milch _____

das Obst _____

die Packung _____

rechts – links _____

der Reis _____

der Saft _____

die Schokolade _____

das Stück _____

der Supermarkt _____

der Tee _____

die Tomate _____

der Verkäufer _____

vorne – hinten _____

das Wasser _____

die Wurst _____

der Zucker _____

die Zwiebel _____

Lernen lernen

1 Wörterbuch: Artikel und Plural – Lesen Sie 1–3. Markieren Sie Beispiel 4 selbst.

Beispiel 1	**Beispiel 2**	**Beispiel 3**	**Beispiel 4**
Ei [ai], *n*; -(e)s, -er	Tomate, *f*; -n	Apfel, *m*, -s, Äpfel	Birne, *f*, -n
Plural:	Plural:	Plural:	Plural:
Eier	Tomaten	Äpfel	_____
n (neutral) = das	f (feminin) = die	m (maskulin) = der	_____ = ____

2 Wörter im Alltag notieren – Was essen Sie gerne? Was kaufen Sie im Supermarkt? Notieren Sie die Wörter.

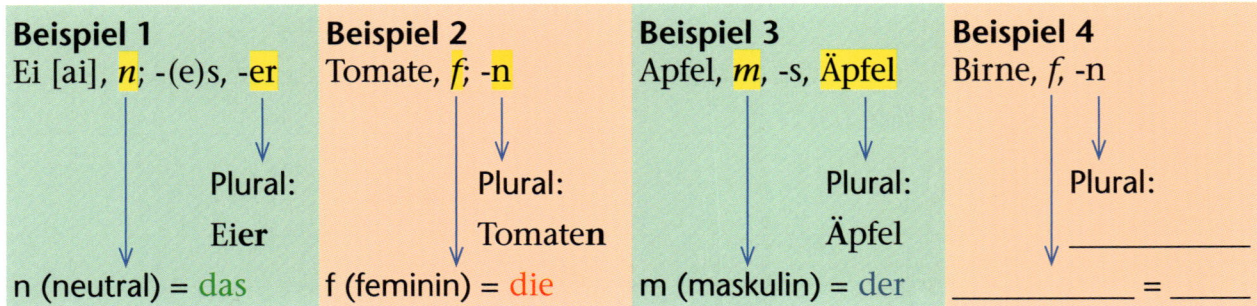

die Melone
die Paprika
die Oliven
der Reis

Wortschatztraining

Wie kaufen Sie was in Deutschland? Notieren Sie die Lebensmittel. Es gibt mehrere Lösungen.

Bananen – Äpfel – M̶i̶l̶c̶h̶ – Käse – Reis – N̶u̶d̶e̶l̶n̶ – Brot – Kaffee – Fleisch – Fisch – Kartoffeln – Bohnen – Tee – Eier – Tomaten – Mineralwasser – Spaghetti – Melone

die Packung   Milch, Nudeln _____

das Stück   _____

　　　　　　　　　_____

die Flasche   Milch _____

　　　　　　　　　_____

　　　　　　　　　_____

das Gramm / das Kilo   _____

Sprechtraining

Was kostet eine Packung Kaffee?

1 Lesen Sie vor.

- ● Was kostet eine Packung Kaffee?
- ● Was kosten drei Kilo Tomaten?
- ○ Was kostet eine Paprika?
- ○ Was kostet eine Flasche Orangensaft?

- ○ Sechs Euro dreißig.
- ○ Zwei Euro siebenundsechzig.
- ● Neunundvierzig Cent.
- ● Neunundsiebzig Cent.

2 Spielen Sie und ergänzen Sie den Preis.

Person A

eine Schokolade — 2,60 €
ein Stück Käse — 3,80 €
eine Packung Reis — _____
eine Packung Spaghetti — _____

ein Kilo Rindfleisch — 13,99 €
eine Flasche Apfelsaft — 1,15 €
ein Kilo Äpfel — _____
eine Flasche Wasser — _____

eine Pizza — 3,89 €
drei Kiwis — 0,99 €
zehn Eier — _____
eine Melone — _____

Person B

eine Melone — 2,50 €
zehn Eier — 1,99 €
drei Kiwis — _____
eine Pizza — _____

eine Flasche Wasser — 0,85 €
ein Kilo Äpfel — 1,59 €
eine Flasche Apfelsaft — _____
ein Kilo Rindfleisch — _____

eine Packung Spaghetti — 0,85 €
eine Packung Reis — 0,89 €
ein Stück Käse — _____
eine Schokolade — _____

Der Tag

Schreibtraining

1 Ergänzen Sie die Buchstaben ä, ö oder ü.

- Hallo, Zula, ist deine Mutter da?
○ Ja. Sie b_ü_ gelt die W___sche.
- Und dein Vater?
○ Er h___rt Musik.
- Ich komme heute um f___nf Uhr.
○ Ja. Tsch___s.

ä̶   ä

ö   ü

ü

- Hallo, Timur, wie geht's?
○ Gut, danke! Ich fr___hst___cke gerade.
  Eier, K___se und Gem___se.
- Wo ist Asli?
○ Sie ist in der T___rkei. Sie besucht die Familie.

ü   ü

ä   ü

ü

2 Welche Wörter mit ä, ö, ü kennen Sie noch?

Wörterbuch, üben, _____

_____

3 Sieben Tage, sieben Fehler. Korrigieren Sie.

montag	Dinstag	Mitwoch	Donnertag
Montag	_____	_____	_____

Frietag	Sammstag	Zonntag
_____	_____	_____

4 Ein Arbeitstag – Ordnen Sie die Sätze von morgens bis abends und schreiben Sie.

__ Um 18 Uhr mache ich Abendessen.   Mein Wecker _____

_1_ Mein Wecker klingelt um 5 Uhr.   _____

__ Um 22 Uhr schlafe ich.   _____

__ Ich arbeite bis 16 Uhr.   _____

__ Ich frühstücke um 5 Uhr 15.   _____

__ Um 5 Uhr 30 gehe ich aus dem Haus.   _____

__ Ich dusche um 17 Uhr 15.   _____

Sätze und Wörter

Schreiben Sie in Ihrer Sprache.

Wie viel Uhr ist es? _____

Es ist 22 Uhr. _____

Was machst du am Montag? _____

Ich schlafe bis 6 Uhr. _____

Ich dusche um 6 Uhr 15. _____

Ich frühstücke um 6 Uhr 30. _____

Ich gehe um 7 Uhr aus dem Haus. _____

Ich arbeite ab 8 Uhr. _____

Von 12 bis 12 Uhr 30 habe ich Mittagspause. _____

Um 17 Uhr bin ich zu Hause. _____

Ich mache das Abendessen. _____

Ich besuche Freunde. _____

Ich gehe ins Kino. _____

Hast du am Freitagabend Zeit? _____

Kommst du mit ins Konzert? _____

Bis dann! _____

das Abendessen _____

der Dienstag _____

der Donnerstag _____

der Freitag _____

kochen _____

die Küche _____

der Mittag _____

das Mittagessen _____

der Mittwoch _____

der Montag _____

der Morgen _____

der Nachmittag _____

die Nacht _____

neu _____

putzen _____

der Samstag _____

schwimmen _____

sehen _____

die SMS _____

der Sonntag _____

der Tag _____

der Vormittag _____

waschen _____

die Woche _____

das Wochenende _____

die Wohnung _____

Lernen lernen

1 **Sehen Sie die Bilder an. Lesen Sie die Tipps. Kreuzen Sie an: richtig oder falsch?**

1. So lernt man richtig:
   Am Montag von 18 bis 21 Uhr.

   ☐ Richtig   ☐ Falsch

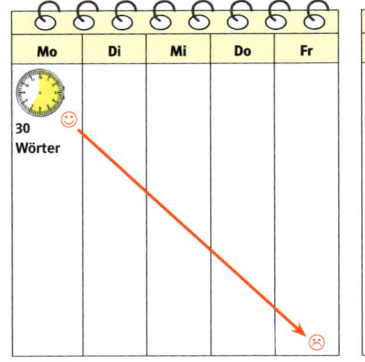 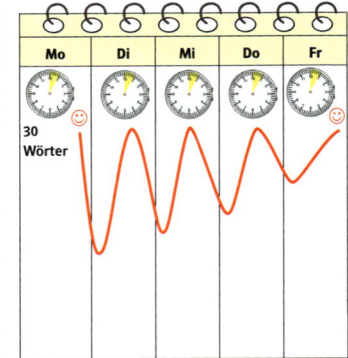

2. So lernt man richtig:
   Am Montag, Dienstag, Mittwoch,
   Donnerstag und Freitag
   von 18 Uhr bis 18 Uhr 30.

   ☐ Richtig   ☐ Falsch

Wortschatztraining

1 **Was passt zusammen? Schreiben Sie Sätze. Vergleichen Sie im Kurs.**

~~Mittagspause~~ – ins Kino – die Wohnung –
Deutsch – Essen – Lebensmittel – Zeitung –
Freunde – die Wäsche – Musik

besuchen – kaufen – ~~gehen~~ –
~~haben~~ – hören – kochen – lernen –
lesen – putzen – waschen

Er hat von 12 bis 13 Uhr Mittagspause. Sie geht ... _____

_____

_____

_____

_____

_____

2 **Ergänzen Sie die Dialoge.**

Von 12 bis 1 Uhr. – Wann klingelt dein Wecker? – Kommst du mit ins Kino? – Es ist
neun Uhr. – Hast du am Samstag Zeit? – Was frühstückst du?

1. ● Wie viel Uhr ist es?   ○ _____ ?

2. ● _____ ?   ○ Von Montag bis Freitag immer um
                                                          6 Uhr.

3. ● _____ ?   ○ Ich trinke nur einen Kaffee.

4. ● Wann hast du Mittagspause?   ○ _____

5. ● _____ ?   ○ Ja, gerne. Was gibt es?

6. ● _____ ?   ○ Nein, leider nicht. Ich arbeite am
                                                          Wochenende.

Sprechtraining

Was machen Sie um sechs Uhr?

1 **Lesen Sie vor.**

- ● Was machen Sie um sechs Uhr?
- ○ Ich dusche. Und Sie? Was machen Sie um sechs Uhr?
- ● Ich schlafe. Was machen Sie um sieben Uhr dreißig?
- ○ Ich frühstücke. Und Sie? Was machen Sie um sieben Uhr dreißig?

 Ich dusche.

 Ich frühstücke.

 Ich arbeite.

 Ich putze.

 Ich lerne Deutsch.

 Ich esse.

 Ich koche.

 Ich schlafe.

 Ich lese die Zeitung.

 Ich gehe ins Kino.

 Ich wasche die Wäsche.

 Ich besuche Freunde.

2 **Was machen Sie um ...? Ergänzen Sie die ich-Spalte.**

	ich	mein Partner / meine Partnerin
3:00 Uhr	schlafen	
6:00 Uhr		
7:30 Uhr		
9:45 Uhr		
13:20 Uhr		
17:40 Uhr		
19:50 Uhr		
22:15 Uhr		
23:10 Uhr		

3 **Spielen Sie. Fragen Sie Ihre Partnerin / Ihren Partner und schreiben Sie.**

7 Berufe

Schreibtraining

1 Schreiben Sie die Wörter. Ergänzen Sie den Artikel.

1. Lherrien — *die Lehrerin*

2. Försir —

3. Hasafruu —

4. Eklektierr —

5. Vrekäfuiern —

6. Krnenwshcesatekr —

2 Schreiben Sie die Sätze.

1. Sie | von | Beruf | sind | Was | ?

Was

2. bin | . | Ich | Hausfrau

3. Beruf | bin | Krankenschwester | Ich | . | von

4. Krankenhaus | arbeite | im | Ich | .

5. Ich | Lehrer, | bin | arbeite | jetzt | . | ich | nicht | aber

3 Markieren Sie die Wortgrenzen (|) und die Satzgrenzen (|). Schreiben Sie den Text. Achten Sie auf groß und klein.

herr|keitaistelektrikervonberuf|erarbeitetjedentagvon8uhrbis
16uhr30seinefrauistkrankenschwestersiearbeitetvormittags
imkrankenhausamnachmittagistsiezuhauseherrundfraukeita
besuchenamwochenendegernefreunde

Herr Keita ist

Sätze und Wörter

Schreiben Sie in Ihrer Sprache.

Was sind Sie von Beruf? _____

Was bist du von Beruf? _____

Ich bin Köchin, aber ich arbeite jetzt nicht. _____

Ich arbeite auf der Baustelle. _____

Ich arbeite im Hotel. _____

Sie arbeitet jeden Tag im Krankenhaus. _____

Ich arbeite bei Opel. _____

Wie lange sind Sie schon hier? _____

Wir sind seit zwei Jahren in Deutschland. _____

Wie lange lernst du schon Deutsch? _____

Seit drei Monaten. _____

die Arbeit _____ die Kellnerin _____

der Chef _____ der Koch _____

die Chefin _____ die Köchin _____

der Elektriker _____ der Krankenpfleger _____

die Elektrikerin _____ die Krankenschwester _____

der Flughafen _____ der Lehrer _____

der Frisör _____ die Lehrerin _____

die Frisörin _____ die Leute _____

die Hausfrau _____ männlich _____

der Hausmann _____ weiblich _____

das Hotel _____ der Monat _____

der Ingenieur _____ das Restaurant _____

die Ingenieurin _____ der Taxifahrer _____

der Kellner _____ die Taxifahrerin _____

Lernen lernen

Lernen Sie Wörter zusammen. Schreiben Sie Wörter zu den vier Themen. Vergleichen Sie im Kurs.

der Computer

Beruf und Arbeit

im Restaurant arbeiten

das Frühstück

essen und trinken

kochen

Montag

Zeit

die Straße

wohnen

putzen

Wortschatztraining

Finden Sie 15 Berufe und Arbeitsorte. Schreiben Sie die Wörter mit Artikel. Ergänzen Sie bei den Berufen die weibliche oder die männliche Form.

K	R	A	N	K	E	N	S	C	H	W	E	S	T	E	R
E	S	K	M	S	L	B	Ä	C	K	E	R	E	I	B	B
L	U	H	W	L	E	H	R	E	R	A	V	P	F	A	E
L	P	A	F	O	K	R	A	N	K	E	N	H	A	U	S
N	E	U	L	A	T	I	K	U	R	T	B	T	R	S	L
E	R	S	V	E	R	K	Ä	U	F	E	R	I	N	T	D
R	M	F	F	R	I	S	Ö	R	I	N	K	C	U	E	A
S	A	R	T	N	K	O	C	H	B	S	N	F	S	L	K
I	R	A	S	R	E	S	T	A	U	R	A	N	T	L	I
N	K	U	L	G	R	V	B	T	P	D	O	H	G	E	T
B	T	A	X	I	F	A	H	R	E	R	I	N	O	K	G
U	Z	M	K	C	D	E	U	T	S	C	H	K	U	R	S

die Krankenschwester (der Krankenpfleger), die Bäckerei, der Supermarkt, _____

_____

_____

_____

_____

Sprechtraining

Was ist Tamrat von Beruf?

1 **Lesen Sie vor.**

- Was ist Tamrat von Beruf?
- Was macht er?
- Wo arbeitet er?
- Wann arbeitet er?

- ○ Er ist Kellner.
- ○ Er verkauft Getränke.
- ○ Er arbeitet im Restaurant.
- ○ Von Montag bis Freitag.

2 **Spielen Sie.**

Person A

Was ist ... von Beruf?	Was macht ...?	Wo arbeitet ...?	Wann arbeitet ...?
Ingenieur	arbeitet am Computer		
Verkäuferin	verkauft Gemüse		
		zu Hause	von Montag bis Sonntag
		im Restaurant	von Donnerstag bis Sonntag

Roman
Lila
Akua
Kamal

Person B

	Was ist ... von Beruf?	Was macht ...?	Wo arbeitet ...?	Wann arbeitet ...?
Kamal	Koch	kocht		
Akua	Hausfrau	putzt die Wohnung		
Lila			bei Rewe	von Mittwoch bis Samstag
Roman			auf der Baustelle	von Dienstag bis Freitag

Mein Körper

Schreibtraining

1 Setzen Sie die Wörter zusammen. Finden Sie acht Wörter.

Bauch   Schmerz   ~~arzt~~   schwester   Sprech   ärztin   Kranken

tablette   Arzt   Körper   zeiten   ~~Zahn~~   Kinder   helferin   teil

schmerzen

1. _der Zahnarzt_
2.
3.
4.
5.
6.
7.
8.

2 Welche zusammengesetzten Wörter kennen Sie noch?

die Mittagspause, die Telefonnummer,

3 Ordnen Sie die Sätze. Schreiben Sie die Entschuldigung.

____ Ich habe Kopfschmerzen und Fieber.

_1_ Liebe Frau Schuster,

____ Ich gehe zum Arzt.

____ ich kann heute nicht zum Deutschkurs kommen.

____ Ich bin krank.

____ Bis morgen!

____ Lydia

Liebe Frau Schuster,

Sätze und Wörter

Schreiben Sie in Ihrer Sprache.

Wie geht es dir? _____

Es geht mir nicht so gut. _____

Meine Augen tun weh. _____

Ich habe Bauchschmerzen. _____

Ich habe Schnupfen. _____

Ich bin krank. _____

Ich bin immer müde. _____

Ich habe Durst/Hunger. _____

Ich habe Fieber, 40 Grad. _____

Was kann ich für Sie tun? _____

Ich brauche einen Termin. _____

Herzlichen Dank! _____

Ich bleibe heute zu Hause. _____

Schlafen Sie mehr! _____

Kommen Sie sofort! _____

Nehmen Sie Schmerztabletten! _____

Gute Besserung. _____

Am Montag ist geschlossen/geöffnet. _____

der Arm _____	der Husten _____
der Arzt _____	das Knie _____
das Auge _____	der Kopf _____
der Bauch _____	die Kopfschmerzen _____
das Bein _____	der Körper _____
der Finger _____	müde _____
der Fuß _____	der Mund _____
geben _____	die Nase _____
gesund _____	das Ohr _____
das Haar _____	der Rücken _____
der Hals _____	schlecht _____
die Halsschmerzen _____	die Schule _____
die Hand _____	der Zahn _____

Lernen lernen

Gespräche vorbereiten – Sammeln Sie Fragen und Antworten für diese Situationen.

ich und der Apotheker

ich und die Ärztin

ich und die Verkäuferin

In der Apotheke: Das sage ich: Das sagt der Apotheker:
Ich habe Kopfschmerzen. Möchten Sie Tabletten?
Was kosten ...?

Wortschatztraining

1 Körperteile und Tätigkeiten – Was braucht man wann?

die Zeitung lesen <u>Hände</u>_____

ein Lied singen _____

das Essen kochen _____

ein Bild malen _____

2 Schreiben Sie Minidialoge.

Es hat Ohrenschmerzen und Fieber. – Nicht so gut. Ich habe Kopfschmerzen. –
Ich bin krank. Ich brauche einen Termin. – ~~Ich habe Bauchschmerzen.~~ –
Das weiß ich nicht. – Nein, ich brauche heute einen Termin.

1.
● Was tut Ihnen weh?
○ <u>Ich habe Bauchschmerzen.</u>
_____

2.
● Haben Sie auch Fieber?
○ _____
_____

3.
● Wie geht es Ihnen?
○ _____
_____

4.
● Praxis Dr. Mautz. Was kann ich für Sie tun?
○ _____
_____

5.
● Ist Dienstag um 15 Uhr o.k.?
○ _____
_____

6.
● Was hat das Kind?
○ _____
_____

Sprechtraining

Was kann ich für Sie tun?

1 **Lesen Sie vor.**

● Guten Tag, mein Name ist Ros.
○ Guten Tag, Frau Ros.
   Was kann ich für Sie tun?
● Ich brauche einen Termin:
   Ich bin krank. Ich habe Halsschmerzen.
   Ich habe Fieber, 39 Grad.
○ Kommen Sie bitte heute um 11 Uhr.
● Herzlichen Dank, auf Wiederhören.

Mein … / Meine … tut weh.
Meine … tun weh.
Ich habe …schmerzen.
Ich habe Schnupfen/Husten.
Ich habe Fieber, … Grad.

2 **Spielen Sie.**

Person A	Person B
	morgen, 11:00 Uhr
	heute, 14:30 Uhr
	sofort
	morgen, 15:15 Uhr
	am Mittwoch, 16:00 Uhr

Person B	Person A
	morgen, 12:00 Uhr
	heute, 11:30 Uhr
	sofort
	morgen, 16:15 Uhr
	am Donnerstag, 8:15 Uhr

Kleidung

Schreibtraining

1 Ergänzen Sie die Nachricht. Sie haben immer drei Möglichkeiten (a, b und c). Vergleichen Sie im Kurs.

① _____

ich gehe ② _____ ins Kaufhaus. Kommst du mit?

Ich kaufe Kleidung. Ich brauche ③ _____ .

Es gibt viele Sonderangebote. Die ④ _____ kosten

nur ⑤ _____ Euro.

Hast du Zeit?

Tschüs!

⑥ _____

①	②	③
a Hallo, Istefo,	a heute	a einen Pullover
b Hallo, Gül,	b morgen	b eine Jeans
c Liebe Mama,	c am Samstag	c eine Winterjacke

④	⑤	⑥
a Sportschuhe	a 49,99	a Dein Tarek
b Mäntel	b 29,90	b Deine Rana
c Stiefel	c 59,00	c Dein Momo

2 Was ist hier falsch? Schreiben Sie die Notiz richtig.

Hallo, eva,
ich morgen ins kaufhaus gehe.
Ich brauche handschuhe.
Es kalt ist in deutschland.
Du kommst mit?
Du Zeit hast?
Tscŭs
Diene Lulu

Hallo, Eva, _____

_____

_____

_____

_____

_____

_____

Sätze und Wörter

Schreiben Sie in Ihrer Sprache.

Ich suche ein Geschenk. _____

Ich suche Winterstiefel. _____

Ich brauche einen Herrenmantel. _____

Wo finde ich Strümpfe für Herren? _____

Die Kinderabteilung ist im 3. Stock. _____

Welche Größe? _____

Welche Farbe? _____

Wo sind die Toiletten, bitte? _____

Sie sucht ein Kleid für ihre Tochter. _____

Sie braucht Sportschuhe für ihren Mann. _____

Fünf Paar Socken kosten 5 Euro 69. _____

Das ist aber teuer. _____

Die Sommerröcke sind im Angebot. _____

Nur 19 Euro 99. _____

In Deutschland ist es kalt/warm. _____

blau _____

die Bluse _____

braun _____

die Dame _____

gelb _____

glauben _____

grau _____

grün _____

der Handschuh _____

das Hemd _____

die Hose _____

der Hut _____

die Jacke _____

das Kleid _____

die Kleidung _____

das Kopftuch _____

der Mantel _____

die Mütze _____

der Pullover _____

der Rock _____

rot _____

die Schuhe _____

schwarz _____

die Stiefel _____

der Stock _____

die Strümpfe _____

das Unterhemd _____

weiß _____

Lernen lernen

TIPP   Fragen Sie beim Lesen immer: Welche Information brauche ich?

Lesen Sie 1–3 und die Anzeigen. Welche Anzeige passt zu welcher Aufgabe?

1. Sie brauchen einen Wintermantel.
2. Sie haben Fieber.
3. Sie lieben Musik und möchten
   am Wochenende etwas machen.

Ⓐ
Liebe Patienten,
die Praxis ist vom 23.8. bis zum 20.9. geschlossen.
In Notfällen kontaktieren Sie bitte Frau Dr. Pilger –
Telefon: 564312

Ⓑ
Wochenende aktiv
Unsere Sonderangebote im August
Samstag 23.8.
• Tagestrip Köln 56 €   • 2 Tage Dresden 158 €
www.merk-bus.com

Ⓒ
Konzerte auf der Seebühne
Sa. 23.8., 19.30 Uhr – Jugendorchester des Nationaltheaters
spielt Mozart, Lennon und Oasis. Karten ab 18 €.
So. 24.8., 19 Uhr Gratiskonzert mit lokalen Bands.

Ⓓ
Kleiderbasar Neustadt
Kleidung für Herren und Damen in allen Größen
Jetzt Sonderangebote für Winterkleidung
(Mäntel, Jacken, Hosen und Kleider) ab 25 Euro.

Ⓔ
Dr. Pilger
Ärztin für Allgemeinmedizin (Alle Kassen)
Telefon 564312 • Sprechstunden:
Mo, Mi, Fr 9–12 und 14–18 Uhr; Di, Do 9–12 Uhr

Wortschatztraining

1 **Schreiben Sie die Nomen mit Artikel und Plural zu den Bildern.**

der Hut, die Hüte

2 **Ergänzen Sie die Dialoge.**

Wo finde ich Kinderkleidung? – Ich suche einen Mantel. – Trägst du gerne Jeans? –
Grau oder blau.

1. ● _____

   ○ Winter oder Sommer?

3. ● Welche Farbe?

   ○ _____

2. ● _____

   ○ Im dritten Stock.

4. ● _____

   ○ Nein, ich trage fast immer Röcke.

Sprechtraining

Was braucht Amina?

1 Lesen Sie vor.

- Was braucht Amina?
- Sie braucht einen Mantel.
- Welche Farbe?
- Grün.

- Was braucht sie noch?
- Sie braucht Winterstiefel.
- Welche Farbe?
- Braun.

- Was brauchen Sie?
- Ich brauche einen Rock.

2 Spielen Sie und schreiben Sie.

Person A

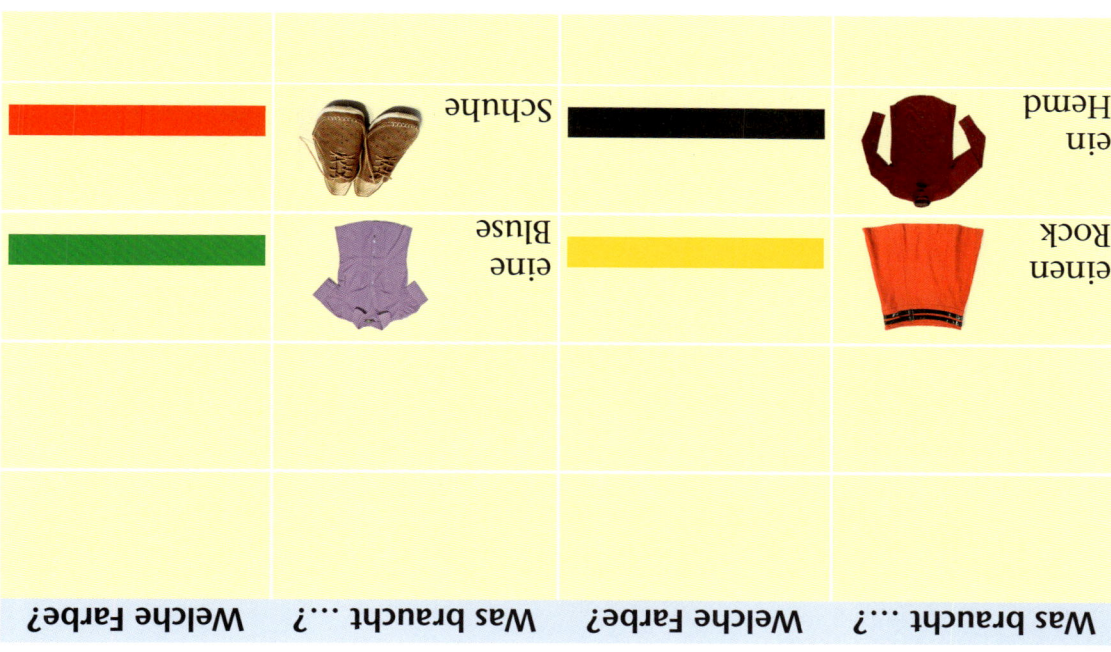

Person B

Was braucht …?	Welche Farbe?	Was braucht …?	Welche Farbe?
Kamal	einen Anzug		eine Jacke	
Akua	ein Kleid		Socken	
Lila				
Roman				
Ihr Partner / Ihre Partnerin				

Meine Stadt

Schreibtraining

1 **Lesen Sie die Nachricht von Beate. Ergänzen Sie.**

> Liebe Hafiza,
> ich wohne in der Gartenstraße 36. Das ist zu Fuß nur 10 Minuten. Am Bahnhof gehst du nach links. Dann 100 Meter geradeaus. An der Kreuzung wieder nach links. Dann die Luisenstraße geradeaus. An der Ampel gehst du nach rechts. Das ist schon die Gartenstraße. Die Nummer 36 ist rechts.
> Bis gleich!
> Beate
>
> 14:38 ✓

Also: Beate wohnt in der Gartenstraße 36.

Ich gehe am Bahnhof nach links.

Dann gehe ich _____

An der Kreuzung _____

Dann _____

_____

_____

2 **Beate besucht Hafiza. Ergänzen Sie die Nachricht von Hafiza.**

fährt   Akazienweg 4B   An der Ampel   nach rechts   Am Schillerplatz   geradeaus

> Hallo, Beate!
>
> Meine Adresse ist _____ .
>
> Der Bus Nr. 8 fährt zum Schillerplatz. Er _____ alle 10 Minuten.
>
> _____ gehst du nach links in die Tischbeinstraße.
>
> Da gehst du 200 Meter _____ .
>
> Da kommt eine Ampel. _____ gehst du nach rechts.
>
> Und dann gleich wieder _____ .
> Bis morgen! ☺
> Hafiza

Sätze und Wörter

Schreiben Sie in Ihrer Sprache.

Ist hier ein Supermarkt? _____

Es tut mir leid, ich weiß es nicht. _____

Ist ein Café in der Nähe? _____

Gehen Sie geradeaus, dann nach links. _____

Gehen Sie an der Ampel nach rechts. _____

Gehen Sie an der Kreuzung geradeaus. _____

Gehen Sie zurück. _____

Da ist die Post. _____

Da ist es links/rechts. _____

Wann fährt der Bus ins Zentrum? _____

Welche U-Bahn fährt zum Bahnhof? _____

Der Bus fährt alle 20 Minuten. _____

Ich fahre mit dem Auto. _____

Ich gehe zu Fuß. _____

Kommst du morgen? _____

Bis gleich! _____

Wie komme ich zu dir? _____

Wann kommst du an? _____

Die Apotheke hat auf. _____

die Ampel _____

die Apotheke _____

der Bahnhof _____

die Bank _____

benutzen _____

beschreiben _____

das Café _____

die Drogerie _____

fahren _____

geradeaus _____

das Internet-Café _____

der Kiosk _____

die Kreuzung _____

nach links _____

nach rechts _____

die Post _____

die S-Bahn _____

der Stadtplan _____

die Straßenbahn _____

die U-Bahn _____

der Weg _____

welcher, welche _____

das Ziel _____

zurück _____

Lernen lernen

Lesen Sie Beispiel 1 und ergänzen Sie Beispiel 2.

Beispiel 1

- ● Wie komme ich zum Krankenhaus?
- ● Hier geradeaus.
- ● An der Ampel rechts.
- ● 20 Meter geradeaus?
- ● 200 Meter geradeaus.
- ● Links ist das Krankenhaus.
- ● Vielen Dank.

- ○ Gehen Sie hier geradeaus.
- ○ Dann an der Ampel rechts.
- ○ Dann gehen Sie 200 Meter geradeaus.
- ○ Nein, 200 Meter.
- ○ Dann sehen Sie links das Krankenhaus.
- ○ Genau.

Beispiel 2

- ● Ich suche einen Supermarkt.
- ● _Bus_____
- ● _____
- ● _____
- ● _____
- ● _____
- ● _____
- ● Danke schön!

- ○ Das ist weit. Nehmen Sie den Bus Nr. 5.
- ○ Fahren Sie zwei Stationen.
- ○ Dann gehen Sie 50 Meter geradeaus.
- ○ Dann kommt rechts die Poststraße.
- ○ Gehen Sie geradeaus bis zur Kreuzung.
- ○ Der Supermarkt „Extra" ist da links.
- ○ Genau.

Wortschatztraining

Finden Sie 20 Wörter zu „Stadt und Verkehr". Schreiben Sie sie mit Artikel und Plural.

F̶a̶h̶r̶ Am A̶ Schu Bahn	pel p̶o̶ ge r̶a̶d̶ ha der	t̶h̶e̶ gar rie	k̶e̶	
Dro Flug Kin Ki Kran	osk ken zung hof platz	markt haus	ten	
Kreu Park S- Spiel Stadt	Bahn le platz plan ße	fen bahn		
Stra Stra Su U- Zen	ßen per Bahn trum			

das Fahrrad, die Fahrräder, die Apotheke, _____

_____

_____

_____

_____

_____

_____

_____

Sprechtraining

Ist hier in der Nähe ein Spielplatz?

1 **Lesen Sie vor.**

- Entschuldigen Sie, ist hier in der Nähe ein Spielplatz?
- ○ Ja, gehen Sie hier nach rechts und dann geradeaus.
  Gehen Sie an der Kreuzung nach links und dann geradeaus.
  Gehen Sie an der Ampel nach rechts. Der Spielplatz ist links.

2 **Spielen Sie die Dialoge und zeichnen Sie die Wege ein.**

1. Schritt	2. Schritt	3. Schritt
A beschreibt den Weg.	B zeichnet den Weg.	A kontrolliert: Ist B richtig angekommen?
B beschreibt den Weg.	A zeichnet den Weg.	B kontrolliert: Ist A richtig angekommen?

Person A

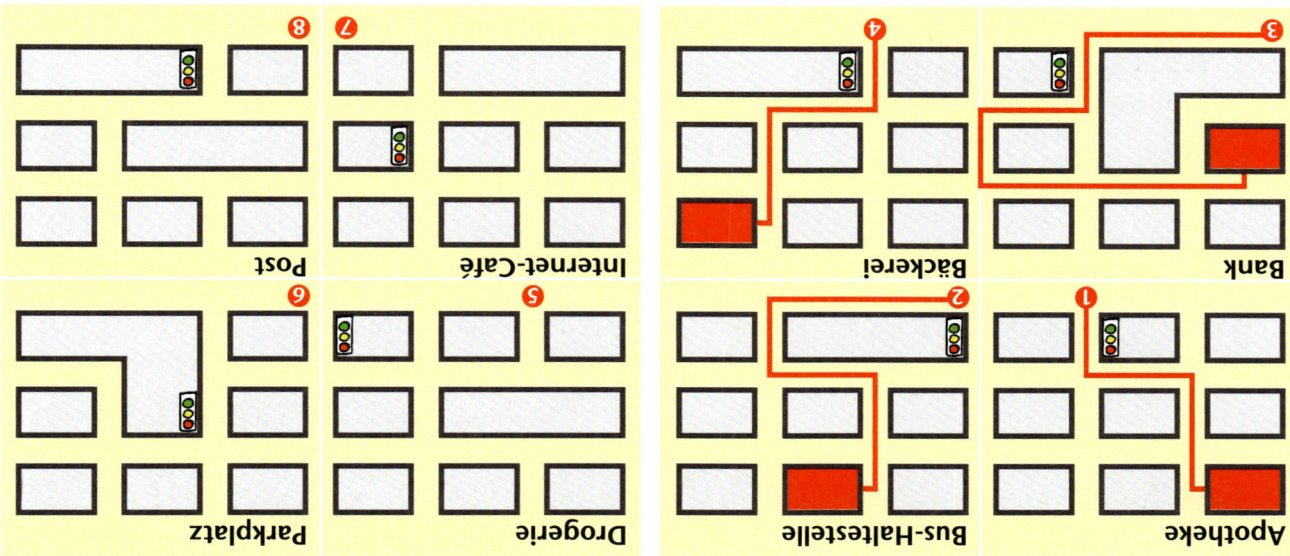

Person B

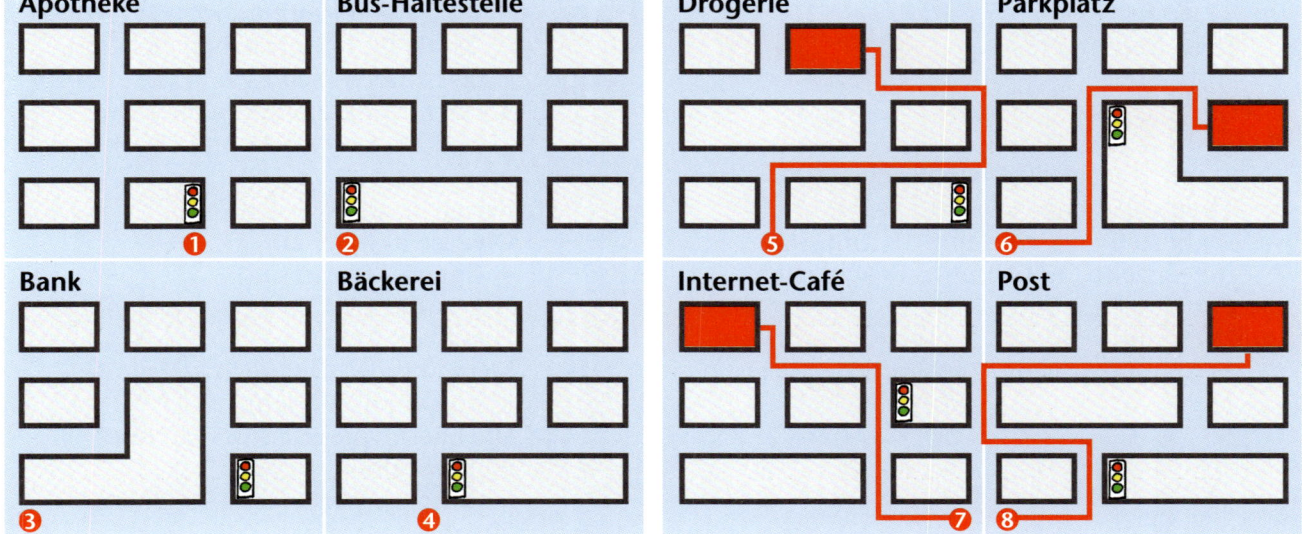

Kapitel 1

Schreibtraining

1 A a, B b, C c, D d, E e, F f, G g, H h, I i,
J j, K k, L l, M m, N n, O o, P p, Q q,
R r, S s, T t, U u, V v, W w, X x, Y y, Z z

2 1. Ich heiße Ute Schuster. Wie heißen Sie?
Ich heiße Pablo Santana.
Guten Morgen, Herr Santana.

2. Guten Abend, Frau Kul. Wie geht es
Ihnen?
Hallo, Herr Maier. Danke, sehr gut.
Und Ihnen?
Gut, danke.

Wortschatztraining

1 A Guten Morgen, Herr Postert.
B Guten Tag, Frau Veloso.
C Guten Abend, Frau Kul.
D Hallo, Marie.
E Auf Wiedersehn, Herr Maier.
F Tschüs, Finn.

2 Lernen Sie die Wörter.
Schreiben Sie den Satz.
Schreiben Sie ins Heft.
Hören Sie den Dialog.
Lesen Sie den Text.
Markieren Sie das Wort.

Kapitel 2

Wortschatztraining

1 E-Mail-Adresse
Familienname
Hausnummer
Straße
Telefonnummer
Wohnort

2 1 eins, 2 zwei, 3 drei, 4 vier,
5 fünf, 6 sechs, 7 sieben, 8 acht,
9 neun, 10 zehn, 11 elf, 12 zwölf,
13 dreizehn, 14 vierzehn, 15 fünfzehn
16 sechzehn, 17 siebzehn, 18 achtzehn,
19 neunzehn, 20 zwanzig,
21 einundzwanzig, 22 zweiundzwanzig,
23 dreiundzwanzig, 24 vierundzwanzig

Kapitel 3

Schreibtraining

1 1. das Heft
2. die Tasse
3. das Handy
4. die Tafel
5. der Bleistift
6. das Deutschbuch
7. die Weltkarte
8. der Computer
9. der Buchstabe
10. der Radiergummi

2 1. Jamiila kommt aus Eritrea.
Sie wohnt in Frankfurt.
2. Munir kommt aus Jordanien.
Er lernt Deutsch.
3. Wie heißt die Frau?
Sie heißt Claudia Kunz.

Lernen lernen

2 der Bleistift, der Kuli, der Radiergummi,
das Heft, das Buch, das Handy,
der Computer, der Tisch, der Stuhl,
die Tafel, der Mann, die Frau, das Kind,
der Lehrer, die Lehrerin

Wortschatztraining

1 1. Wie heißt das auf Deutsch?
2. Aus München.
3. Wie schreibt man das?
4. Das ist Herr Santana.

Kapitel 4

Schreibtraining

1 1. Frau Aziz hat zwei Kinder.
Sie heißen Helin und Zoro.
2. Maria und Dahir haben ein Kind.
Es ist noch klein.
3. Sabine und Norbert haben zwei
Kinder. Sie sind 24 und 21 Jahre alt.

3 Beispiellösung:
Olga ist 13 Jahre alt.
Rasim ist 44 Jahre alt.
Nison und Sibat sind 3 und 5 Jahre alt.
Frau Groß ist 72.
Meine Kinder sind noch klein.
Mein Sohn ist 30 Jahre alt.
Die Eltern von Erfan sind 58 und
60 Jahre alt.
Meine Geschwister sind 18, 25 und
29 Jahre alt.

Lernen lernen

2   A   Lesen Sie Texte laut.
    B   Trainieren Sie mit dem Handy.
    C   Sprechen Sie viel Deutsch im Alltag.

Wortschatztraining

1   Beispiellösung:
    Mein Vater heißt Abdul.
    Ich spreche Arabisch und Englisch.
    Er lernt Deutsch.
    Was machst du hier?
    Wie schreibt man das?
    Ich wiederhole die Wörter.
    Sie wohnt in Dresden.

2   7, 11, 12, 16, 17, 21, 32, 43, 54, 65, 76, 87,
    98, 100, 101

Kapitel 5

Schreibtraining

1   A   der Apfel
    B   die Banane, die Bohne
    F   der Fisch, das Fleisch
    K   der Käse, der Kaffee, die Kartoffel
    M   die Milch
    N   die Nudeln
    R   der Reis
    S   die Schokolade
    T   der Tee, die Tomate
    W   das Wasser, die Wassermelone
    Z   die Zucchini, die Zwiebel

2   der Apfel, der Kaffee, das Wasser,
    der Tee, das Fleisch, die Kartoffel,
    die Zwiebel, die Bohnen

Lernen lernen

1   f (feminin) = die
    Plural: Birnen

Wortschatztraining

    die Packung: Milch, Nudeln, Reis, Eier,
    Kaffee, Tee, Spaghetti
    das Stück: Käse, Brot, Melone
    die Flasche: Milch, Mineralwasser
    das Gramm / das Kilo: Bananen, Äpfel,
    Käse, Fleisch, Fisch, Kartoffeln, Bohnen,
    Tomaten

Kapitel 6

Schreibtraining

1   A   ● Hallo, Zula, ist deine Mutter da?
       ○ Ja. Sie bügelt die Wäsche.
       ● Und dein Vater?
       ○ Er hört Musik.
       ● Ich komme heute um fünf Uhr.
       ○ Ja. Tschüs.

    B   ● Hallo, Timur, wie geht's?
       ○ Gut, danke! Ich frühstücke gerade.
          Eier, Käse und Gemüse.
       ● Wo ist Asli?
       ○ Sie ist in der Türkei.
          Sie besucht die Familie.

3   Montag, Dienstag, Mittwoch,
    Donnerstag, Freitag, Samstag, Sonntag

4   1   Mein Wecker klingelt um 5 Uhr.
    2   Ich frühstücke um 5 Uhr 15.
    3   Um 5 Uhr 30 gehe ich aus dem Haus.
    4   Ich arbeite bis 16 Uhr.
    5   Ich dusche um 17 Uhr 15.
    6   Um 18 Uhr mache ich Abendessen.
    7   Um 22 Uhr schlafe ich.

Lernen lernen

1   1. Falsch
    2. Richtig

Wortschatztraining

1   Beispiellösung:
    Ich habe um 12 Uhr Mittagspause.
    Ich gehe am Montag ins Kino.
    Am Samstag putze ich die Wohnung.
    Er lernt Deutsch.
    Ich koche das Essen.
    Er kauft gerne Lebensmittel.
    Ich lese gerne Zeitung.
    Am Wochenende besuche ich Freunde.
    Am Samstag wäscht er die Wäsche.
    Sie hört gerne Musik.

2   1. Es ist neun Uhr
    2. Wann klingelt dein Wecker?
    3. Was frühstückst du?
    4. Von 12 bis 1 Uhr.
    5. Kommst du mit ins Kino?
    6. Hast du am Samstag Zeit?

Kapitel 7

Schreibtraining

1 1. die Lehrerin
2. der Frisör
3. die Hausfrau
4. der Elektriker
5. die Verkäuferin
6. die Krankenschwester

2 1. Was sind Sie von Beruf?
2. Ich bin Hausfrau.
3. Ich bin Krankenschwester von Beruf.
4. Ich arbeite im Krankenhaus.
5. Ich bin Lehrer, aber ich arbeite jetzt nicht.

3 Herr Keita ist Elektriker von Beruf.
Er arbeitet jeden Tag von 8 Uhr bis 16 Uhr 30.
Seine Frau ist Krankenschwester.
Sie arbeitet vormittags im Krankenhaus.
Am Nachmittag ist sie zu Hause.
Herr und Frau Keita besuchen am Wochenende gerne Freunde.

Wortschatztraining

K	R	A	N	K	E	N	S	C	H	W	E	S	T	E	R
E	S			L	B	Ä	C	K	E	R	E	I	B		
L	U	H		L	E	H	R	E	R				A		
L	P	A		K	R	A	N	K	E	N	H	A	U	S	
N	E	U		T									S		
E	R	S	V	E	R	K	Ä	U	F	E	R	I	N	T	
R	M	F	F	R	I	S	Ö	R	I	N			E		
	A	R		K	O	C	H						L		
	R	A		R	E	S	T	A	U	R	A	N	T	L	
	K	U		R									E		
	T	A	X	I	F	A	H	R	E	R	I	N			
				D	E	U	T	S	C	H	K	U	R	S	

die Krankenschwester (der Krankenpfleger)
die Bäckerei
der Kellner (die Kellnerin)
der Supermarkt
die Hausfrau (der Hausmann)
der Elektriker (die Elektrikerin)
der Lehrer (die Lehrerin)
das Krankenhaus
die Verkäuferin (der Verkäufer)
die Frisörin (der Frisör)
der Koch (die Köchin)

das Restaurant
die Taxifahrerin (der Taxifahrer)
der Deutschkurs
die Baustelle

Kapitel 8

Schreibtraining

1 Beispiellösung:
1. der Zahnarzt
2. die Schmerztablette
3. die Arzthelferin
4. der Körperteil
5. die Bauchschmerzen
6. die Sprechzeiten
7. die Krankenschwester
8. die Kinderärztin

3 1 Liebe Frau Schuster,
2 ich kann heute nicht zum Deutschkurs kommen.
3 Ich bin krank.
4 Ich habe Kopfschmerzen und Fieber.
5 Ich gehe zum Arzt.
6 Bis morgen!
7 Lydia

Wortschatztraining

1 Man braucht immer den Kopf!
die Zeitung lesen: Hände, Finger, Arme, Augen
ein Lied singen: Mund, Ohren
das Essen kochen: Hände, Finger, Arme, Augen, Mund
ein Bild malen: Hände, Finger, Arme, Augen

2 1. Ich habe Bauchschmerzen.
2. Das weiß ich nicht.
3. Nicht so gut. Ich habe Kopfschmerzen.
4. Ich bin krank. Ich brauche einen Termin.
5. Nein, ich brauche heute einen Termin.
6. Es hat Ohrenschmerzen und Fieber.

Kapitel 9

Schreibtraining

1 Beispiellösung:
Liebe Mama,
ich gehe morgen ins Kaufhaus. Kommst
du mit?
Ich kaufe Kleidung. Ich brauche eine
Winterjacke.
Es gibt viele Sonderangebote.
Die Sportschuhe kosten nur 29,90 Euro.
Hast du Zeit?
Tschüs
Deine Rana

2 Hallo, Eva,
ich gehe morgen ins Kaufhaus.
Ich brauche Handschuhe.
Es ist kalt in Deutschland.
Kommst du mit?
Hast du Zeit?
Tschüs
Deine Lulu

Lernen lernen

1. Anzeige D
2. Anzeige E
3. Anzeige C

Wortschatztraining

1

der Hut, die Hüte
die Jacke, die Jacken
das Hemd, die Hemden
der Mantel, die Mäntel
die Uhr, die Uhren
die Hose, die Hosen
der Strumpf, die Strümpfe

die Mütze, die Mützen
die Bluse, die Blusen
die Krawatte, die Krawatten
der Pullover, die Pullover
der Rock, die Röcke
die Jeans, die Jeans
der Schuh, die Schuhe

2 1. Ich suche einen Mantel.
2. Wo finde ich Kinderkleidung?
3. Grau oder blau.
4. Trägst du gerne Jeans?

Kapitel 10

Schreibtraining

1 Also: Beate wohnt in der
Gartenstraße 36.
Ich gehe am Bahnhof nach links.
Dann gehe ich 100 Meter geradeaus.
An der Kreuzung gehe ich wieder nach
links.
Dann gehe ich die Luisenstraße geradeaus.
An der Ampel gehe ich nach rechts.
Die Nummer 36 ist rechts.

2 Hallo Beate!
Meine Adresse ist <u>Akazienweg 4B</u>.
Der Bus Nr. 8 <u>fährt</u> zum Schillerplatz.
Er fährt alle 10 Minuten.
<u>Am Schillerplatz</u> gehst du nach links in
die Tischbeinstraße.
Da gehst du 200 Meter <u>geradeaus</u>.
Da kommt eine Ampel.
<u>An der Ampel</u> gehst du nach rechts.
Und dann gleich wieder <u>nach rechts</u>.
Bis morgen! ☺
Hafiza

Lernen lernen

Beispiel 2
● Bus Nr. 5.
● Zwei Stationen.
● 50 Meter geradeaus.
● Rechts, Poststraße.
● Geradeaus bis zur Kreuzung.
● Supermarkt, links.

Wortschatztraining

das Fahrrad, die Fahrräder
die Ampel, die Ampeln
die Apotheke, die Apotheken
die Schule, die Schulen
der Bahnhof, die Bahnhöfe
die Drogerie, die Drogerien
der Flughafen, die Flughäfen
der Kindergarten, die Kindergärten
der Kiosk, die Kioske
das Krankenhaus, die Krankenhäuser
die Kreuzung, die Kreuzungen
der Parkplatz, die Parkplätze
die S-Bahn, die S-Bahnen
der Spielplatz, die Spielplätze
der Stadtplan, die Stadtpläne
die Straße, die Straßen
die Straßenbahn, die Straßenbahnen
der Supermarkt, die Supermärkte
die U-Bahn, die U-Bahnen
das Zentrum, die Zentren

Quellenverzeichnis

S. 7: Annalisa Scarpa
S. 10: Lutz Rohrmann
S. 12: Shutterstock.com
S. 12: Shutterstock.com
S. 15, 31, 39: Lila, Tamrat: Shutterstock.com
S. 15, 31, 39: Akua, Roman: fotolia
S. 16: A: fotolia, B: Shutterstock.com, C: Shutterstock.com
S. 17: Theo Scherling
S. 22: Shutterstock.com
S. 23: Shutterstock.com
S. 24: Shutterstock.com
S. 31: Syrer: Shutterstock.com
S. 32: Shutterstock.com
S. 39: Jacke, Socken: fotolia; Schuhe, Hemd, Bluse, Rock, Anzug, Kleid: Shutterstock.com